THE BEST VIEW

comes after

THE HARDEST

CLIMB

Apollo Journals

Climbing Journal

This Journal is specially designed for the avid climber that wants to record their best routes and most killer climbs

For each route you can record the name, location and technical details of a route, and any beta (information or advice received before a climb) used. There's also plenty of space for your personal thoughts about the climb

Get out there and crush!

Route

Route Name:

Route Type:

Route Grade:

Route Length/Pitch No. :

Location:

Date/Time:

Beta:

Route Completion:

Route Notes

Route

Route Name: _____

_____

Route Type: _____

_____

Route Grade: _____

_____

Route Length/Pitch No. : _____

Location: _____

Date/Time: _____

_____

Beta: _____

_____

_____

_____

Route Completion: _____

Route Notes

Route

Route Name: _____

_____

Route Type: _____

_____

Route Grade: _____

_____

Route Length/Pitch No. : _____

Location: _____

Date/Time: _____

_____

Beta: _____

_____

_____

_____

Route Completion: _____

Route Notes

Route

Route Name: _____
_____

Route Type: _____
_____

Route Grade: _____
_____

Route Length/Pitch No. : _____

Location: _____

Date/Time: _____
_____

Beta: _____
_____
_____
_____

Route Completion: _____

Route Notes

Route

Route Name:

Route Type:

Route Grade:

Route Length/Pitch No. :

Location:

Date/Time:

Beta:

Route Completion:

Route Notes

Route

Route Name: _____

_____

Route Type: _____

_____

Route Grade: _____

_____

Route Length/Pitch No. : _____

Location: _____

Date/Time: _____

_____

Beta: _____

_____

_____

_____

Route Completion: _____

Route Notes

Route

Route Name:

Route Type:

Route Grade:

Route Length/Pitch No. :

Location:

Date/Time:

Beta:

Route Completion:

Route Notes

Route

Route Name: _____

_____

Route Type: _____

_____

Route Grade: _____

_____

Route Length/Pitch No. : _____

Location: _____

Date/Time: _____

_____

Beta: _____

_____

_____

_____

Route Completion: _____

Route Notes

Route

Route Name: _____

_____

Route Type: _____

_____

Route Grade: _____

_____

Route Length/Pitch No. : _____

Location: _____

Date/Time: _____

_____

Beta: _____

_____

_____

_____

Route Completion: _____

Route Notes

Route

Route Name: _____

_____

Route Type: _____

_____

Route Grade: _____

_____

Route Length/Pitch No. : _____

Location: _____

Date/Time: _____

_____

Beta: _____

_____

_____

_____

Route Completion: _____

Route Notes

Route

Route Name: _____

Route Type: _____

Route Grade: _____

Route Length/Pitch No. : _____

Location: _____

Date/Time: _____

Beta: _____
_____
_____
_____

Route Completion: _____

Route Notes

Route

Route Name: _____

_____

Route Type: _____

_____

Route Grade: _____

_____

Route Length/Pitch No. : _____

Location: _____

Date/Time: _____

_____

Beta: _____

_____

_____

_____

Route Completion: _____

Route Notes

Route

Route Name:

Route Type:

Route Grade:

Route Length/Pitch No. :

Location:

Date/Time:

Beta:

Route Completion:

Route Notes

Route

Route Name:

Route Type:

Route Grade:

Route Length/Pitch No. :

Location:

Date/Time:

Beta:

Route Completion:

Route Notes

Route

Route Name: _____
_____

Route Type: _____
_____

Route Grade: _____
_____

Route Length/Pitch No. : _____

Location: _____

Date/Time: _____
_____

Beta: _____
_____
_____
_____

Route Completion: _____

Route Notes

Route

Route Name:

Route Type:

Route Grade:

Route Length/Pitch No. :

Location:

Date/Time:

Beta:

Route Completion:

Route Notes

Route

Route Name: _____
_____

Route Type: _____
_____

Route Grade: _____
_____

Route Length/Pitch No. : _____

Location: _____

Date/Time: _____
_____

Beta: _____
_____
_____
_____

Route Completion: _____

Route Notes

Route

Route Name: _____

_____

Route Type: _____

_____

Route Grade: _____

_____

Route Length/Pitch No. : _____

Location: _____

Date/Time: _____

_____

Beta: _____

_____

_____

_____

Route Completion: _____

Route Notes

Route

Route Name: _____

_____

Route Type: _____

_____

Route Grade: _____

_____

Route Length/Pitch No. : _____

Location: _____

Date/Time: _____

_____

Beta: _____

_____

_____

_____

Route Completion: _____

Route Notes

Route

Route Name: _____

_____

Route Type: _____

_____

Route Grade: _____

_____

Route Length/Pitch No. : _____

Location: _____

Date/Time: _____

_____

Beta: _____

_____

_____

_____

Route Completion: _____

Route Notes

Route

Route Name:

Route Type:

Route Grade:

Route Length/Pitch No. :

Location:

Date/Time:

Beta:

Route Completion:

Route Notes

Route

Route Name: _____

_____

Route Type: _____

_____

Route Grade: _____

_____

Route Length/Pitch No. : _____

Location: _____

Date/Time: _____

_____

Beta: _____

_____

_____

_____

Route Completion: _____

Route Notes

Route

Route Name: _____
_____

Route Type: _____
_____

Route Grade: _____
_____

Route Length/Pitch No. : _____

Location: _____

Date/Time: _____
_____

Beta: _____
_____
_____
_____

Route Completion: _____

Route Notes

Route

Route Name: _____
_____

Route Type: _____
_____

Route Grade: _____

Route Length/Pitch No. : _____

Location: _____

Date/Time: _____
_____

Beta: _____
_____
_____
_____

Route Completion: _____

Route Notes

Route

Route Name: _____
_____

Route Type: _____
_____

Route Grade: _____
_____

Route Length/Pitch No. : _____

Location: _____

Date/Time: _____
_____

Beta: _____
_____
_____
_____

Route Completion: _____

Route Notes

Route

Route Name:

Route Type:

Route Grade:

Route Length/Pitch No. :

Location:

Date/Time:

Beta:

Route Completion:

Route Notes

Route

Route Name:

Route Type:

Route Grade:

Route Length/Pitch No. :

Location:

Date/Time:

Beta:

Route Completion:

Route Notes

Route

Route Name: _____

_____

Route Type: _____

_____

Route Grade: _____

_____

Route Length/Pitch No. : _____

Location: _____

Date/Time: _____

_____

Beta: _____

_____

_____

_____

Route Completion: _____

Route Notes

Route

Route Name: _____

_____

Route Type: _____

_____

Route Grade: _____

_____

Route Length/Pitch No. : _____

Location: _____

Date/Time: _____

_____

Beta: _____

_____

_____

_____

Route Completion: _____

Route Notes

Route

Route Name: _____

_____

Route Type: _____

_____

Route Grade: _____

_____

Route Length/Pitch No. : _____

Location: _____

Date/Time: _____

_____

Beta: _____

_____

_____

_____

Route Completion: _____

Route Notes

Route

Route Name:

Route Type:

Route Grade:

Route Length/Pitch No. :

Location:

Date/Time:

Beta:

Route Completion:

Route Notes

Route

Route Name: _____

_____

Route Type: _____

_____

Route Grade: _____

_____

Route Length/Pitch No. : _____

Location: _____

Date/Time: _____

_____

Beta: _____

_____

_____

_____

Route Completion: _____

Route Notes

Route

Route Name:

Route Type:

Route Grade:

Route Length/Pitch No. :

Location:

Date/Time:

Beta:

Route Completion:

Route Notes

Route

Route Name: _____
_____

Route Type: _____
_____

Route Grade: _____

Route Length/Pitch No. : _____

Location: _____

Date/Time: _____
_____

Beta: _____
_____
_____
_____

Route Completion: _____

Route Notes

Route

Route Name: _____

_____

Route Type: _____

_____

Route Grade: _____

_____

Route Length/Pitch No. : _____

Location: _____

Date/Time: _____

_____

Beta: _____

_____

_____

_____

Route Completion: _____

Route Notes

Route

Route Name: _____

_____

Route Type: _____

_____

Route Grade: _____

_____

Route Length/Pitch No. : _____

Location: _____

Date/Time: _____

_____

Beta: _____

_____

_____

_____

Route Completion: _____

Route Notes

Route

Route Name: _____

_____

Route Type: _____

_____

Route Grade: _____

_____

Route Length/Pitch No. : _____

Location: _____

Date/Time: _____

_____

Beta: _____

_____

_____

_____

Route Completion: _____

Route Notes

Route

Route Name:

Route Type:

Route Grade:

Route Length/Pitch No. :

Location:

Date/Time:

Beta:

Route Completion:

Route Notes

Route

Route Name:

Route Type:

Route Grade:

Route Length/Pitch No. :

Location:

Date/Time:

Beta:

Route Completion:

Route Notes

Route

Route Name: _____
_____

Route Type: _____
_____

Route Grade: _____
_____

Route Length/Pitch No. : _____

Location: _____

Date/Time: _____
_____

Beta: _____
_____
_____
_____

Route Completion: _____

Route Notes

Route

Route Name: _____

Route Type: _____

Route Grade: _____

Route Length/Pitch No. : _____

Location: _____

Date/Time: _____

Beta: _____

Route Completion: _____

Route Notes

Route

Route Name:

Route Type:

Route Grade:

Route Length/Pitch No. :

Location:

Date/Time:

Beta:

Route Completion:

Route Notes

Route

Route Name: _____

_____

Route Type: _____

_____

Route Grade: _____

_____

Route Length/Pitch No. : _____

Location: _____

Date/Time: _____

_____

Beta: _____

_____

_____

_____

Route Completion: _____

Route Notes

Route

Route Name:

Route Type:

Route Grade:

Route Length/Pitch No. :

Location:

Date/Time:

Beta:

Route Completion:

Route Notes

Route

Route Name: _____
_____

Route Type: _____
_____

Route Grade: _____
_____

Route Length/Pitch No. : _____

Location: _____

Date/Time: _____
_____

Beta: _____
_____
_____
_____

Route Completion: _____

Route Notes

Route

Route Name:

Route Type:

Route Grade:

Route Length/Pitch No. :

Location:

Date/Time:

Beta:

Route Completion:

Route Notes

Route

Route Name:

Route Type:

Route Grade:

Route Length/Pitch No. :

Location:

Date/Time:

Beta:

Route Completion:

Route Notes

Route

Route Name:

Route Type:

Route Grade:

Route Length/Pitch No. :

Location:

Date/Time:

Beta:

Route Completion:

Route Notes

Route

Route Name: _____

_____

Route Type: _____

_____

Route Grade: _____

_____

Route Length/Pitch No. : _____

Location: _____

Date/Time: _____

_____

Beta: _____

_____

_____

_____

Route Completion: _____

Route Notes

Route

Route Name:

Route Type:

Route Grade:

Route Length/Pitch No. :

Location:

Date/Time:

Beta:

Route Completion:

Route Notes

Route

Route Name: _____
_____

Route Type: _____
_____

Route Grade: _____

Route Length/Pitch No. : _____

Location: _____

Date/Time: _____
_____

Beta: _____
_____
_____
_____

Route Completion: _____

Route Notes

Route

Route Name: _____

_____

Route Type: _____

_____

Route Grade: _____

_____

Route Length/Pitch No. : _____

Location: _____

Date/Time: _____

_____

Beta: _____

_____

_____

_____

Route Completion: _____

Route Notes

Route

Route Name: _____

_____

Route Type: _____

_____

Route Grade: _____

_____

Route Length/Pitch No. : _____

Location: _____

Date/Time: _____

_____

Beta: _____

_____

_____

_____

Route Completion: _____

Route Notes

Route

Route Name: _____

_____

Route Type: _____

_____

Route Grade: _____

_____

Route Length/Pitch No. : _____

Location: _____

Date/Time: _____

_____

Beta: _____

_____

_____

_____

Route Completion: _____

Route Notes

Route

Route Name: _____
_____

Route Type: _____
_____

Route Grade: _____
_____

Route Length/Pitch No. : _____

Location: _____

Date/Time: _____
_____

Beta: _____
_____
_____
_____

Route Completion: _____

Route Notes

Route

Route Name: _____

_____

Route Type: _____

_____

Route Grade: _____

_____

Route Length/Pitch No.: _____

Location: _____

Date/Time: _____

_____

Beta: _____

_____

_____

_____

Route Completion: _____

Route Notes

Route

Route Name: _____
_____

Route Type: _____
_____

Route Grade: _____
_____

Route Length/Pitch No. : _____

Location: _____

Date/Time: _____
_____

Beta: _____
_____
_____
_____

Route Completion: _____

Route Notes

Route

Route Name:

Route Type:

Route Grade:

Route Length/Pitch No. :

Location:

Date/Time:

Beta:

Route Completion:

Route Notes

Route

Route Name: _____

_____

Route Type: _____

_____

Route Grade: _____

_____

Route Length/Pitch No. : _____

Location: _____

Date/Time: _____

_____

Beta: _____

_____

_____

_____

Route Completion: _____

Route Notes

Route

Route Name: _____

_____

Route Type: _____

_____

Route Grade: _____

_____

Route Length/Pitch No. : _____

Location: _____

Date/Time: _____

_____

Beta: _____

_____

_____

_____

Route Completion: _____

Route Notes

Route

Route Name: _____

_____

Route Type: _____

_____

Route Grade: _____

_____

Route Length/Pitch No. : _____

Location: _____

Date/Time: _____

_____

Beta: _____

_____

_____

_____

Route Completion: _____

Route Notes

Route

Route Name: _____

_____

Route Type: _____

_____

Route Grade: _____

_____

Route Length/Pitch No. : _____

Location: _____

Date/Time: _____

_____

Beta: _____

_____

_____

_____

Route Completion: _____

Route Notes

Route

Route Name: _____
_____

Route Type: _____
_____

Route Grade: _____
_____

Route Length/Pitch No. : _____

Location: _____

Date/Time: _____
_____

Beta: _____
_____
_____
_____

Route Completion: _____

Route Notes

Route

Route Name:

Route Type:

Route Grade:

Route Length/Pitch No. :

Location:

Date/Time:

Beta:

Route Completion:

Route Notes

Route

Route Name: _____

_____

Route Type: _____

_____

Route Grade: _____

_____

Route Length/Pitch No. : _____

Location: _____

Date/Time: _____

_____

Beta: _____

_____

_____

_____

Route Completion: _____

Route Notes

Route

Route Name: _____
_____

Route Type: _____
_____

Route Grade: _____
_____

Route Length/Pitch No. : _____

Location: _____

Date/Time: _____
_____

Beta: _____
_____
_____
_____

Route Completion: _____

Route Notes

Route

Route Name: _____
_____

Route Type: _____
_____

Route Grade: _____
_____

Route Length/Pitch No.: _____

Location: _____

Date/Time: _____
_____

Beta: _____
_____
_____
_____

Route Completion: _____

Route Notes

Route

Route Name: _____

_____

Route Type: _____

_____

Route Grade: _____

_____

Route Length/Pitch No. : _____

Location: _____

Date/Time: _____

_____

Beta: _____

_____

_____

_____

Route Completion: _____

Route Notes

Route

Route Name: _____

_____

Route Type: _____

_____

Route Grade: _____

_____

Route Length/Pitch No. : _____

Location: _____

Date/Time: _____

_____

Beta: _____

_____

_____

_____

Route Completion: _____

Route Notes

Route

Route Name: _____
_____

Route Type: _____
_____

Route Grade: _____

Route Length/Pitch No. : _____

Location: _____

Date/Time: _____
_____

Beta: _____
_____
_____
_____

Route Completion: _____

Route Notes

Route

Route Name: _____

_____

Route Type: _____

_____

Route Grade: _____

_____

Route Length/Pitch No. : _____

Location: _____

Date/Time: _____

_____

Beta: _____

_____

_____

_____

Route Completion: _____

Route Notes

Route

Route Name: _____

_____

Route Type: _____

_____

Route Grade: _____

_____

Route Length/Pitch No. : _____

Location: _____

Date/Time: _____

_____

Beta: _____

_____

_____

_____

Route Completion: _____

Route Notes

Route

Route Name: _____
_____

Route Type: _____
_____

Route Grade: _____
_____

Route Length/Pitch No. : _____

Location: _____

Date/Time: _____
_____

Beta: _____
_____
_____
_____

Route Completion: _____

Route Notes

Route

Route Name: _____

_____

Route Type: _____

_____

Route Grade: _____

_____

Route Length/Pitch No. : _____

Location: _____

Date/Time: _____

_____

Beta: _____

_____

_____

_____

Route Completion: _____

Route Notes

Route

Route Name: _____
_____

Route Type: _____
_____

Route Grade: _____
_____

Route Length/Pitch No. : _____

Location: _____

Date/Time: _____
_____

Beta: _____
_____
_____
_____

Route Completion: _____

Route Notes

Route

Route Name:

Route Type:

Route Grade:

Route Length/Pitch No. :

Location:

Date/Time:

Beta:

Route Completion:

Route Notes

Route

Route Name: _____

_____

Route Type: _____

_____

Route Grade: _____

_____

Route Length/Pitch No. : _____

Location: _____

Date/Time: _____

_____

Beta: _____

_____

_____

_____

Route Completion: _____

Route Notes

Route

Route Name: _____
_____

Route Type: _____
_____

Route Grade: _____

Route Length/Pitch No. : _____

Location: _____

Date/Time: _____
_____

Beta: _____
_____
_____
_____

Route Completion: _____

Route Notes

Route

Route Name:

Route Type:

Route Grade:

Route Length/Pitch No. :

Location:

Date/Time:

Beta:

Route Completion:

Route Notes

Route

Route Name: _____

_____

Route Type: _____

_____

Route Grade: _____

_____

Route Length/Pitch No.: _____

Location: _____

Date/Time: _____

_____

Beta: _____

_____

_____

_____

Route Completion: _____

Route Notes

Route

Route Name: _____
_____

Route Type: _____
_____

Route Grade: _____
_____

Route Length/Pitch No. : _____

Location: _____

Date/Time: _____
_____

Beta: _____
_____
_____
_____

Route Completion: _____

Route Notes

Route

Route Name: _____

_____

Route Type: _____

_____

Route Grade: _____

_____

Route Length/Pitch No. : _____

Location: _____

Date/Time: _____

_____

Beta: _____

_____

_____

_____

Route Completion: _____

Route Notes

Route

Route Name:

Route Type:

Route Grade:

Route Length/Pitch No. :

Location:

Date/Time:

Beta:

Route Completion:

Route Notes

Route

Route Name:

Route Type:

Route Grade:

Route Length/Pitch No. :

Location:

Date/Time:

Beta:

Route Completion:

Route Notes

Route

Route Name: _____
_____

Route Type: _____
_____

Route Grade: _____
_____

Route Length/Pitch No. : _____

Location: _____

Date/Time: _____
_____

Beta: _____
_____
_____
_____

Route Completion: _____

Route Notes

Route

Route Name: _____

_____

Route Type: _____

_____

Route Grade: _____

_____

Route Length/Pitch No. : _____

Location: _____

Date/Time: _____

_____

Beta: _____

_____

_____

_____

Route Completion: _____

Route Notes

Route

Route Name: _____

_____

Route Type: _____

_____

Route Grade: _____

_____

Route Length/Pitch No. : _____

Location: _____

Date/Time: _____

_____

Beta: _____

_____

_____

_____

Route Completion: _____

Route Notes

Route

Route Name: _____

_____

Route Type: _____

_____

Route Grade: _____

_____

Route Length/Pitch No. : _____

Location: _____

Date/Time: _____

_____

Beta: _____

_____

_____

_____

Route Completion: _____

Route Notes

Route

Route Name: _____

_____

Route Type: _____

_____

Route Grade: _____

_____

Route Length/Pitch No. : _____

Location: _____

Date/Time: _____

_____

Beta: _____

_____

_____

_____

Route Completion: _____

Route Notes

Route

Route Name:

Route Type:

Route Grade:

Route Length/Pitch No. :

Location:

Date/Time:

Beta:

Route Completion:

Route Notes

Route

Route Name:

Route Type:

Route Grade:

Route Length/Pitch No. :

Location:

Date/Time:

Beta:

Route Completion:

Route Notes

Route

Route Name: _____

_____

Route Type: _____

_____

Route Grade: _____

_____

Route Length/Pitch No. : _____

Location: _____

Date/Time: _____

_____

Beta: _____

_____

_____

_____

Route Completion: _____

Route Notes

Route

Route Name:

Route Type:

Route Grade:

Route Length/Pitch No. :

Location:

Date/Time:

Beta:

Route Completion:

Route Notes

Route

Route Name: _____

_____

Route Type: _____

_____

Route Grade: _____

_____

Route Length/Pitch No. : _____

Location: _____

Date/Time: _____

_____

Beta: _____

_____

_____

_____

Route Completion: _____

Route Notes

Route

Route Name: _____

_____

Route Type: _____

_____

Route Grade: _____

_____

Route Length/Pitch No. : _____

Location: _____

Date/Time: _____

_____

Beta: _____

_____
_____
_____

Route Completion: _____

Route Notes

Route

Route Name: _____

_____

Route Type: _____

_____

Route Grade: _____

_____

Route Length/Pitch No. : _____

Location: _____

Date/Time: _____

_____

Beta: _____

_____

_____

_____

Route Completion: _____

Route Notes

Route

Route Name: _____

_____

Route Type: _____

_____

Route Grade: _____

_____

Route Length/Pitch No. : _____

Location: _____

Date/Time: _____

_____

Beta: _____

_____

_____

_____

Route Completion: _____

Route Notes

Route

Route Name: _____

_____

Route Type: _____

_____

Route Grade: _____

_____

Route Length/Pitch No. : _____

Location: _____

Date/Time: _____

_____

Beta: _____

_____

_____

_____

Route Completion: _____

Route Notes

Route

Route Name: _____

_____

Route Type: _____

_____

Route Grade: _____

_____

Route Length/Pitch No. : _____

Location: _____

Date/Time: _____

_____

Beta: _____

_____

_____

_____

Route Completion: _____

Route Notes

Route

Route Name: _____

_____

Route Type: _____

_____

Route Grade: _____

_____

Route Length/Pitch No. : _____

Location: _____

Date/Time: _____

_____

Beta: _____

_____

_____

_____

Route Completion: _____

Route Notes

Apollo Journals

Manufactured by Amazon.ca
Bolton, ON